Amorfa

Amorfa

© de esta edición:
Servicios de autoedición Mirahadas, 2025
Editorial Mirahadas, 2025
Avda. San Francisco Javier, 9, P 6ª, 24
Edificio SEVILLA 2,
41018 - Sevilla
Tlfns: 912.665.684
info@mirahadas.com
www.mirahadas.com

Impreso en España
Primera edición: septiembre, 2025

ISBN: 979-13-87821-33-3

Amorfa

Victor Illán Vilar

mirahadas

Dedico el presente libro a mi familia, a mis amigos, al Coro de la Esperanza, a mis lectores y a todas las personas que han contribuido y contribuyen a que mi vida sea, cada día, un pelín mejor.

Autoentrevista

¿Qué papel han jugado los libros en su vida?

Han sido indispensables durante toda mi trayectoria vital desde que tengo uso de razón hasta el día de hoy. Puedo afirmar sin temor a equivocarme que los libros fueron, son y serán siempre mis amigos más leales y cercanos, ya que me han aportado gran cantidad de cosas tanto a nivel académico como personal.

¿Qué ingredientes son necesarios para tener un concepto tan positivo acerca de ellos?

Aplicando la simplicidad más extrema destacaría especialmente tenerles cariño incondicional en todo momento y confiar ciegamente en ellos, porque los libros, además de ser instrumentos útiles para el conocimiento y progreso del ser humano, van a contribuir a que tu día a día sea más enriquecedor. Además, poseen una cualidad que los hace realmente extraordinarios: son incapaces de traicionarte.

¿En qué escuela estudió?

En el colegio Laverde Ruiz de la localidad de Outeiro de Rei (Lugo). Estuve allí desde los cuatro años hasta los once.

¿Qué asignaturas le gustaban más por aquel entonces?

Las de letras, por supuesto, entre las cuales destaco las de Lengua Castellana, Lengua Gallega, Historia y lo que antaño se llamaba Conocimiento del Medio.

¿Debo suponer que no le atrae nada el mundo de los números?

La suposición que manifiesta no es atinada precisamente. Si bien es cierto que las mates nunca se me dieron nada bien, algunas materias como la Biología, las Ciencias Naturales o la Física, en las que hay que resolver problemas aplicando fórmulas y cálculos, me generaban curiosidad y, ante todo, cierta atracción, con independencia de que en numerosas ocasiones las calificaciones alcanzadas en ellas no fuesen satisfactorias.

¿Obtuvo un cero en alguna ocasión?

Desde luego que sí. Fue en primero de Bachillerato y, por supuesto, en Matemáticas.

¿Ha suspendido muchos exámenes a lo largo de su trayectoria académica?

Más de los que me hubiese gustado. He tenido resultados muy pobres, además de en Matemáticas, en Educación Física, Lengua Gallega y Castellana, Física y Química, y, por último, en Música.

¿Cuál fue el suspenso que menos se esperaba?

Ocurrió en un examen de intervalos musicales en tercero de Secundaria. No se trataba de una materia complicada y fue algo que me decepcionó y dolió enormemente.

¿Y la nota que más le sorprendió?

Fue en Matemáticas terminando la etapa de la Educación Primaria. Mi primer y único diez en esa asignatura es imposible de olvidar por lo especial e ilusionante que resultó.

¿Sintió deseos de copiar alguna vez?

¿Y quién no? En un examen de recuperación de Matemáticas en segundo de Bachillerato me jugaba el curso. El profesor se ausentó del aula durante unos minutos mientras hacíamos el examen, así que tuve en mi mano la posibilidad de poder copiar algún dato de utilidad, aunque no llegué a caer en la tentación.

¿Cuál fue el examen en el que más nervioso se sintió de todos los que ha hecho?

Sin duda alguna en el examen práctico de tiro para obtener el permiso de armas de tipo E (escopetas de caza), pese a no tratarse de la prueba de índole más académica. Había que efectuar dos disparos a una diana que tenías situada a una distancia de veinticinco metros. No ofrecía una dificultad elevada, pero al no estar acostumbrado a utilizar armas tener una en tu mano infundía respeto y miedo. Mis niveles de adrenalina hicieron de las suyas, y pese a aprobar las impresiones distaron de ser positivas. Ironías de la vida, supongo.

¿Le ayudaron sus padres a hacer los deberes en muchas ocasiones?

En muchas ocasiones no, porque, gracias a Dios, no hubo necesidad. No obstante, los que más se me atragantaban eran ¡oh sorpresa los de mates!

¿Tuvo que asistir a pasantía?

¡Durante años en mi adolescencia para preparar las dichosas mates!

¿Al finalizar la Educación Primaria qué asignatura optativa le recomendaron escoger para Secundaria?

Podía escoger la que quisiera. Aun así, me indicaron la de Francés, que, por supuesto, cursé durante dos años académicos consecutivos.

¿Dónde hizo la Secundaria?

En el Instituto de Enseñanza Secundaria Río Miño en la localidad de Rábade (Lugo). Estudié en dicho centro desde los doce hasta los diecisiete años, dado que también hice el Bachillerato allí.

Disponía de materias optativas que le permitían adentrarse por un itinerario para decantarse luego por hacer el tipo de Bachiller más apropiado para usted. ¿Cuáles escogió por aquel entonces?

Cultura Clásica, Música y Biología. Una combinación apasionante, pero desacertada a la hora de seleccionar un rumbo apropiado para un futuro Bachillerato.

¿Qué tipo de Bachiller cursó y que nivel de complejidad tenía?

Estudié el Bachillerato de Ciencias Sociales. Eran cursos bastante exigentes, especialmente el segundo, donde te preparaban de modo incesante para la selectividad. Fue, con diferencia, la etapa más dura de toda mi vida académica. Debo mencionar que formo parte de la primera promoción de Bachiller en Ciencias Sociales que se impartió en el Instituto de Rábade (años 2006-2007).

¿Cree que la selectividad es una prueba que define la trayectoria estudiantil de una persona?

Son exámenes que sirven fundamentalmente para acceder a la universidad, pero no tienen un carácter tan decisivo como a primera vista pueda parecer. No los considero un todo o nada para diversas tipologías de estudiantes. En mi caso no me salieron demasiado bien, ya que de mi promoción fui de los pocos alumnos que obtuvo una calificación inferior con respecto a la nota media que traía del Bachiller.

¿Le quedó en su interior la sensación de tener una espina clavada?

Por supuesto que no. Con las carreras que hice en los años posteriores equilibré e incluso mejoré el promedio que consiguiera en la etapa formativa precedente, y también la puntuación obtenida en selectividad.

Hábleme del ámbito universitario. ¿Por qué estudió Relaciones Laborales?

A los diecisiete años no tenía vocación por nada. Quería estudiar en la universidad, pero no sabía el qué, como le ocurre a mucha gente. Me matriculé en la carrera en el último día de plazo. La universidad me quedaba cerca de casa y mi familia me convenció de que era una buena opción para mí.

¿No le interesaba ninguna licenciatura o diplomatura en aquellos momentos?

Las de Historia y Humanidades, pero sin llegar a encantarme y ni mucho menos sentir vocación por ellas.

¿Dónde cursó la titulación?

En la Escuela Universitaria de Relaciones Laborales de Lugo. Es un centro adscrito a la Universidad de Santiago de Compostela (La Coruña). Pertenezco a la primera promoción (años 2008-2012) del Grado en Relaciones Laborales y Recursos Humanos de Lugo.

¿Qué son las Relaciones Laborales?

Constituyen, a grandes rasgos, los vínculos que mantienen los empleadores u empresarios con los trabajadores establecidos mediante un contrato de trabajo. Los trabajadores prestan sus servicios profesionales en contrapartida de una retribución económica denominada salario.

¿Qué tipo de asignaturas abarcan estos estudios?

La titulación ofrece al estudiante diversidad de materias, unas estrictamente jurídicas como Derecho de Contratos, Derecho del Trabajo o Derecho de la Seguridad Social, y otras encuadradas dentro de los campos de los Recursos Humanos y la Prevención de Riesgos Laborales. Asimismo, se cursaban Informática, Historia del Trabajo o Sociología, por ejemplo.

Se trata de una carrera multidisciplinar y versátil que ofrece a su alumnado numerosas oportunidades hacia las que orientarse profesionalmente.

¿Realizó prácticas en alguna empresa?

Así fue. Las llevé a cabo en la oficina central de la empresa de Arenal Perfumerías (Lugo). Eran de carácter optativo, pero permitían al alumno descubrir cómo desarrollar unas rutinas de trabajo y conocer tanto la estructura de una empresa o negocio como su funcionamiento.

¿Qué salidas profesionales ofrece?

El ejercicio de la profesión de Graduado Social, bien como autónomo o por cuenta ajena, trabajar en el sector empresarial público y/o privado, y diversas oportu-

nidades de empleo público a las que se accede mediante el sistema de oposición libre, concurso-oposición o
concurso (Inspector de Hacienda, Técnico de Hacienda, Inspector de Trabajo y de la Seguridad Social, Su-
binspector de Trabajo y de la Seguridad Social...).

**¿Por qué hizo Derecho posteriormente a Relacio-
nes Laborales?**

Por aquel entonces venía de un año medio sabático en el que realicé exclusivamente algunos cursos
de contabilidad, informática e idiomas. Solo tenía en
mente un motivo para cursar otra carrera: hacerle ver
a mi familia que estaba estudiando algo, lo que fuese.
Esto me ocurrió por carecer de una vocación y no
tener las cosas claras.

¿En qué consiste el Derecho?

Se puede definir como la ciencia social y jurídica que
estudia la aplicación e interpretación de las normas jurídicas, los principios que la fundamentan y los valores
que le sirven de guía e inspiración.

¿Cuál es su finalidad principal?

Resolver los conflictos sociales que derivan de la convivencia humana en comunidad. Ese es, sin lugar a dudas, su objetivo primordial.

¿Se atrevería a ofrecernos un concepto de lo que son para usted las leyes?

Aquí le va: son textos, más o menos largos, que a medida que vamos leyendo entendemos cada vez menos y que no le gusta cumplir a nadie.

¿Qué duración tienen actualmente los estudios de Derecho en España?

La titulación se estructura en cuatro cursos anuales, por lo que se su extensión es de cuatro años lectivos.

¿Qué Bachiller es necesario cursar para acceder a la carrera de Derecho?

El de Humanidades y el de Ciencias Sociales son los que más se ajustan.

¿Para el estudio de una ciencia jurídica como lo es el Derecho son necesarios conocimientos previos de latín?

Con absoluta rotundidad: no. En el ámbito jurídico se utilizan términos y expresiones en latín, pero se aprenden progresivamente. Que el hecho de no saber ese idioma no os frene si deseáis hacer la carrera.

¿Es cierto que hay que memorizar completamente el Código Civil y el Código Penal si estudias Derecho?

Nada más lejos de la realidad. Es innegable que saberse algunos artículos de dichas normas es fundamental, pero no se exige el conocimiento completo de ellas durante la titulación. No obstante, en determinadas oposiciones jurídicas posteriores ya es otro cantar.

Si vuestros padres y abuelos han sido abogados o jueces, por ejemplo, ¿debéis seguir sus pasos?

La disciplina del Derecho está considerada como una de las más clásicas y tradicionales dentro del ámbito universitario, lo cual no significa que tengáis que estudiarla por exigencia familiar o por mero orgullo. Eso era una «obligación» de tiempos pasados que generaba decepción e insatisfacción. Escoged lo que deseéis hacer con vuestra vida libremente y en conciencia.

¿Se trata de una carrera difícil?

No la veo así. No voy a ser yo quien os niegue que requiere de responsabilidad con los temarios y de establecer unas pautas de estudio adecuadas, pero no es compleja. Es tener constancia y perseverancia con los libros más que otra cosa.

La titulación la cursó a través de la Universidad Nacional de Educación a Distancia. ¿Qué diferencias posee con respecto a la universidad presencial?

En primer lugar, no existen clases obligatorias, como sí sucede en la presencial tras la implantación de los nuevos títulos de grado que sustituyeron a las antiguas diplomaturas y licenciaturas. Se imparten unas clases denominadas tutorías que pueden ser presenciales o por videoconferencia, y cuya duración puede ir desde los veinte minutos hasta una hora o más, dependiendo de la materia.

Por otra parte, al profesorado que te evalúa los exámenes no lo conoces, dado que se encuentra en la sede central de la universidad en Madrid y no existe un seguimiento personalizado entre el docente y el estudiante, ni ese contacto personal que puede surgir en la universidad presencial. No obstante, estudiar a distancia posee ventajas como la flexibilidad horaria, lo que permite al estudiante organizarse mejor o evitar desplazamientos físicos a la universidad, lo que incrementa la comodidad y la adaptación.

Además, en lo relativo a los trabajos académicos de las diferentes asignaturas, tienes la posibilidad, pero no la obligación, de hacer Pruebas de Evaluación Continua (PEC) que constituyen el equivalente a los típicos trabajos de las universidades presenciales, y luego el examen lo haces en la facultad más próxima a tu domicilio. Por último, debo indicar que la UNED es una universidad pública que en el aspecto económico ofrece sus propios programas de becas y el precio de la matrícula no difiere con respecto al de otras universidades de idéntica índole. El hecho de estudiar allí me resultó interesante, confortable y gratificante, lo que me permite poder recomendarla a los futuros universitarios como una valiosa opción formativa.

¿Hizo prácticas durante la titulación?

No fue necesario, dado que en mi último año de carrera ya me puse a opositar a la Administración de

Justicia. De todos modos, el plan de estudios de la carrera no incluía por aquel entonces prácticas externas. Dichas prácticas se realizaban una vez finalizados los módulos teóricos de los másteres de Acceso a la Abogacía o a la Procuraduría.

¿Qué salidas profesionales tiene?

Fundamentalmente el ejercicio de las profesiones de Abogado y Procurador por cuenta propia o ajena, trabajar en el sector empresarial público o privado, y numerosas oportunidades de empleo público a las que se accede mediante el sistema de oposición libre, concurso-oposición o concurso (Judicatura, Abogado del Estado, Notarías, Administración de Justicia, Administración de la Seguridad Social, Registrador de la Propiedad, Diplomático...).

¿Es obligatorio cursar un máster tras graduarse?

Depende de lo que decida hacer luego la persona que se gradúe. Si opta por ejercer como abogado o procurador tiene que cursar obligatoriamente un máster habilitante para poder luego colegiarse. En caso contrario no es estrictamente obligatorio.

¿Existen profesiones para las que se requiere sí o sí la carrera de Derecho?

Efectivamente, así es. Las personas que quieran opositar a Notarías, Judicatura, Registrador de la Propiedad, Abogado del Estado o Letrado de la Administración de Justicia han de estar en posesión del grado o licenciatura en Derecho. Existen más casos, pero estos son los más conocidos.

¿Qué le diría a un recién graduado en Derecho que luego no sabe qué hacer?

En el supuesto de darse esta situación le diría que acuda al servicio de orientación académica de su universidad y que no tome la decisión de forma precipitada y en caliente, que valore las opciones que más le interesan. Decantarse por lo que uno desea hacer el resto de su vida no es cuestión baladí y requiere reflexionar. Una vez hecha la reflexión deberá optar por una de las posibilidades que ha barajado. Lo verdaderamente importante es llegar a trabajar en lo que a uno en verdad le apasiona.

¿Y en caso de tratarse de una persona con gran vocación hacia una profesión jurídica concreta, pero duda si lanzarse o no?

Tener vocación por algo debe de ser una sensación maravillosa y especial. Le aconsejaría, sin duda alguna, que se arriesgue por eso que tanto anhela y que luche por ello con todas sus fuerzas.

¿Cuándo descubrió lo que quería hacer profesionalmente?

Al terminar el tercer año de la carrera de Derecho. Fui a una orientadora en la UNED que me ayudó a decantarme por opositar a la Administración de Justicia y compaginé las últimas asignaturas de la titulación con la preparación de las oposiciones.

¿Si pudiese volver atrás en el tiempo volvería a estudiar esas dos carreras?

Sí, sin ninguna duda. Pese a que las decisiones de cursarlas las adopté sin determinación ni seguridad durante mi juventud, hoy en día veo esos estudios como algo muy útil y provechoso que me permitió orientar mi vida y acceder a la administración en la que desempeño mi trabajo actualmente.

¿A qué le hubiese gustado su familia que se dedicara?

Depende de a quién pregunte. Si fuese a mi padre le diría que a juez, mientras que mi tía se decantaba claramente por la Enfermería. En cuanto a mi madre y a mi tío querían que preparara una gran oposición, pero no sé aún a día de hoy a qué empleo.

¿Pensó en ejercer la profesión?

Estuve barajando durante un tiempo la posibilidad de hacerme abogado o procurador. No obstante, las características de dichos empleos no terminaron de convencerme del todo porque creía que mi futuro trabajo debía ser en una oficina o en un lugar donde estuviese rodeado de libros o papeles sin andar demasiado de un lado para otro. Por si lo anterior fuese poco, mi carácter y personalidad no resultan demasiado compatibles con dichas profesiones.

¿Estuvo interesado en hacer estudios de máster y doctorado en algún momento de su vida académica?

Desde luego. Tras finalizar el grado en Derecho y durante la preparación de las oposiciones estuve barajando la posibilidad de cursar un máster en Derecho

Constitucional y, con posterioridad, un doctorado de esa rama del derecho. El derecho más teórico siempre me ha encantado para estudiar a diferencia del procesal, que tiene un contenido más práctico, pero a la hora de desempeñar un trabajo prefiero el derecho procesal por su considerable dinamismo. No me arrepiento en absoluto de mi decisión.

¿Y en algún curso de especialización?

Le confieso que me fascina la Teoría del Derecho. Se trata de una disciplina que permite adentrarse en las ciencias jurídicas en profundidad y, ante todo, desarrollar pensamiento crítico. Sin embargo, aún no me he decantado por especializarme de alguna manera en esta área del conocimiento.

¿Qué valor tienen las ciencias jurídicas para usted?

Son mi gran y único amor.

¿En qué temas enfocó sus trabajos de fin de grado?

En el Fomento del Empleo Juvenil en España y en la Parte Especial del Derecho Penal.

¿Hay alguna decisión académica que se arrepiente de no haber tomado en su vida?

Arrepentimiento no es la palabra que utilizaría. Más bien cobardía por el hecho de no haberme atrevido a dar el paso en el momento adecuado. Durante mi vida universitaria pensé en diversas ocasiones en qué pasaría si hubiese estudiado en el Seminario Menor y luego hubiese cursado estudios en el Seminario Mayor para convertirme en sacerdote. La idea de no formar parte de la vida civil y sí de la eclesiástica me resultó tentadora con sinceridad. Pensaba que la sociedad civil no estaba hecha para mí. Fue una idea que rondó por mi mente durante cierto tiempo, pero finalmente no se materializó en una realidad.

¿Cree que la Administración de Justicia es el lugar adecuado para usted?

Lo creo firmemente. Opositar a la Administración de Justicia es, sin lugar a dudas, la mejor decisión que he tomado en mi vida pese a que he necesitado ayuda y orientación para adoptarla. Puedo decir sin albergar dudas de ningún tipo en mi interior que ejerzo mi labor en la Administración apropiada.

¿Puede decirse que tiene el trabajo de su vida?

Ya me gustaría que todo fuese así de sencillo. Deseo ser Gestor Procesal y Administrativo, que es el cuerpo inmediatamente superior de funcionarios de Justicia respecto al que ocupo en la actualidad, pero para ello tengo que obtener la correspondiente plaza a través de la promoción interna.

¿Cómo se accede a la Administración de Justicia?

Se entra generalmente a través de la oposición libre, aunque con carácter excepcional puede ser a través de concurso-oposición o a través de un concurso de méritos.

¿Cuántos temas tienen las oposiciones?

La oposición de Auxilio Judicial consta de veintiséis temas, la de Tramitación Procesal y Administrativa, de treinta y uno; y, por último, la de Gestión Procesal, de sesenta y ocho.

¿Durante cuánto tiempo opositó?

Estuve preparando las oposiciones durante veinte meses y obtuve plaza en los Cuerpos de Auxilio Judicial y Tramitación Procesal y Administrativa. Trabajo de Tramitador Procesal y Administrativo en el Juzgado de lo Penal 1 de Lugo desde hace casi un año.

¿Existe mucha diferencia entre estudiar una carrera jurídica y unas oposiciones de ese ámbito?

Así es. En las carreras te topas con unos temarios en unas diversas asignaturas que te permiten adquirir conocimientos genéricos, pero en las oposiciones se concreta y profundiza mucho más en el temario del que se componen y, por supuesto, se estudian leyes y reglamentos enteros. El nivel de exigencia se incrementa notablemente, pero esa circunstancia no es motivo para desanimarse ni rendirse durante su estudio.

¿Preparó las oposiciones por su cuenta o fue a una academia?

Las preparé en la Academia CEAR en Lugo. Las clases eran los lunes de 16:30 a las 20:30 horas. Me sentaba muy bien asistir presencialmente al aula porque podía ver y hablar con mis compañeros lo que me permitía desconectar de las rutinas diarias de estudio. Además, nuestra profesora explicaba genial la materia y cualquier duda que nos pudiese surgir. Por si lo anterior no fuese suficiente, los test que elaboraba la docente nos permitían enfocar adecuadamente las pruebas que debíamos afrontar. Siempre es positivo contar con este tipo de apoyo para preparar unos exámenes de tal calibre, por lo que recomiendo este sistema a futuros opositores.

¿Puede decirme qué es un Tramitador Procesal y Administrativo?

Es uno de los Cuerpos Generales de funcionarios al servicio de la Administración de Justicia al igual que el Auxilio Judicial y el Gestor Procesal. Posee funciones tales como la tramitación de los distintos procedimientos, la clasificación y el archivo de correspondencia o la atención al público, entre otras.

¿Y un Auxilio Judicial?

Constituye, al igual que Tramitación Procesal y Administrativa, un Cuerpo General de funcionarios al servicio de la Administración de Justicia. Sus principales cometidos son practicar los actos de comunicación a sus destinatarios, archivar autos y expedientes judiciales, velar por las condiciones de utilización de las salas de vistas y mantener el orden en las mismas, atender al público o gestionar el correo, por ejemplo. Además, lleva a cabo tareas fundamentales de apoyo a la tramitación de los procedimientos y de supervisión y administración de los recursos materiales disponibles en el órgano judicial.

¿A dónde le destinaron tras obtener la plaza?

A la Sección Civil del Juzgado de Primera Instancia e Instrucción de la localidad de Santa María la Real de Nieva, en Segovia.

¿Qué consejos le daría a una persona que pretenda preparar las oposiciones que estudió usted?

Que estudie diariamente con una constancia y responsabilidad elevadas y, sobre todo, que sea extremadamente perseverante y organizada con sus rutinas de estudio.

¿Qué clase de juzgado es el de Santa María la Real de Nieva?

Se trata de un Juzgado Mixto. En él se tramitan y resuelven procedimientos civiles, de instrucción (investigación y enjuiciamiento de determinados delitos) y de Registro Civil. Es también Juzgado Decano y cabeza de partido judicial.

¿Qué supuso para usted, a *grosso modo,* trabajar en un juzgado de esa índole?

El hecho de desempeñar mi labor profesional en Santa María constituyó una experiencia maravillosa, gratificante y muy completa porque tuvo de todo: momentos pésimos, pero también apasionantes y preciosos. Fue una etapa de mi vida que siempre recordaré con enorme cariño, ya que me permitió conocer el funcionamiento interno de un órgano judicial.

¿Cómo recuerda su peor momento allí?

Fue antes de comenzar mi cuarto día laboral. Se me cruzaron muchísimo los cables y estuve a punto de renunciar a mi plaza de empleo público. No sucedió de milagro. Me sentía completamente fuera de lugar, en un emplazamiento desconocido y no tenía motivación, actitud ni entusiasmo para continuar. Gracias a la ayuda de mi familia y de una amiga muy cercana pude recapacitar, pero no desde luego por iniciativa propia. Fueron momentos muy dolorosos y me sentí completamente vulnerable.

¿Me podría describir su mejor momento en la oficina?

Ocurrió durante el mes de septiembre de 2022 al finalizar la elaboración de un alarde judicial. Tras numerosos intentos fallidos por mi parte en los alardes enviados a la Jueza conseguí, al fin, que quedase correctamente. Eso marcó un punto de inflexión, un antes y un después, en mi primer destino profesional. Me llenó de confianza, orgullo y satisfacción, fue algo inolvidable.

¿Qué es lo que más le hizo evolucionar durante su estancia en Santa María?

Cometer todos los errores que cometí y sentir la presión positiva de los superiores para mejorar día a día.

¿Echa de menos el juzgado en el que comenzó?

En determinadas cosas bastante, y lo echaré de menos toda la vida. Al ser pocos funcionarios trabajando en las oficinas nos ayudábamos mutuamente en todo momento y había un ambiente extraordinariamente familiar y cercano. En un Juzgado más grande con más gente el ambiente laboral pese a ser positivo resulta más impersonal. Asimismo, añoro la sensación de estar rodeado por mis compañeros y mis jefas, compartir todo el tiempo que pasé a su lado y, ante todo, su carácter enérgico y divertido, su chispa. Por último, extraño enormemente el olor a papel, era muy característico del juzgado, y me resultaba agradable, familiar y me transmitía tranquilidad.

¿Si tuviese la oportunidad de regresar lo haría?

Desde luego que sí. De todos los destinos laborales que me pudieron haber tocado para iniciar mi vida profesional Santa María es, sin duda alguna, el mejor. Aprendí un montón de cosas allí, no solamente relativas al trabajo, sino también a nivel personal. Fue una experiencia muy enriquecedora y completa que me permitió adaptarme con mayor rapidez a mi nuevo juzgado y me ayudó a encarar las funciones que desempeño cada día con altas dosis de confianza, seguridad y determinación. Repetiría encantado la experiencia de retornar y estar allí de nuevo. La capital de la Campiña Segoviana es, y será siempre, un hogar para mí.

¿Hay algo que no eche de menos del Juzgado de Santa María?

Las guardias. No me gustaba la tramitación de las mismas porque era excesivamente acelerada, lo que provocaba que ejerciese mis funciones de forma atropellada en numerosas ocasiones. Además, los fines de semana te quedaban condicionados dado que tenías que estar disponible por si se producía alguna detención, fallecimiento o *habeas corpus*.

Por lo que comenta de su trabajo se puede deducir fácilmente que se hace fundamentalmente en oficinas. ¿Hay tareas que se desempeñen fuera de ellas?

Sí. Bajar a sala a recoger las declaraciones con el Juez. Pese a formar parte de la tramitación de una guardia me encantaba bajar a sala porque veías y hacías algo distinto: recogías las manifestaciones de las partes o veías a los jueces y a los abogados en plena acción, por ejemplo.

¿Qué es lo que más le desagrada de su trabajo?

Sin ningún tipo de duda lo solitario que es. Cada funcionario es responsable de su mesa, de sus expedientes y, en ocasiones, echo muchísimo en falta que la oficina funcione como un todo, que rememos en la misma dirección. Sé que todos perseguimos nuestros intereses personales y lo comprendo, sin embargo, echo en falta que haya un verdadero ambiente de equipo, de grupo.

Me ha contado anteriormente que en la actualidad trabaja en el Juzgado de lo Penal 1 de Lugo ¿Notó mucho el cambio al pasar de Civil a Penal?

La verdad es que sí. Son órdenes jurisdiccionales totalmente distintos y las primeras semanas acusé bastante el cambio. Sin embargo, con el paso del tiempo noté mejorías y conseguí adaptarme bien a mi nuevo trabajo. Civil era más dinámico dado que llevaba mayor número de procedimientos desde que se iniciaban hasta que concluían, pero aquí en el penal el trabajo está especializado y eso lo convierte en una labor más repetitiva y mecánica.

¿Qué cometidos desempeña en la oficina en la que se encuentra ahora?

Me encargo de la tramitación de ejecutorias. Son procedimientos judiciales que consisten en llevar a la práctica las sentencias que dicta el Juez, para que nos entendamos. Estos expedientes afectan a personas naturales y/o jurídicas que fueron condenadas al cumplimiento de una pena o de varias, es decir, que fueron castigadas por delitos que cometieron. Esos castigos deben ser cumplidos y el papeleo relativo a esos castigos es el que tramito en mi día a día. Además de tramitar hay que prestar atención presencial, telefónica y electrónica a la ciudadanía.

¿Qué ventajas considera que tiene trabajar en su juzgado actual respecto del anterior?

No sé si se las puede considerar ventajas, lo que sí es cierto es que el trabajo es mucho más específico, hay más personal y, a pesar de que la carga laboral es significativa, también tengo la suerte de que el ritmo de trabajo no es tan acelerado. Si a esto le sumo que no hay guardias resulta todo un lujo. Obviamente, es un juzgado completamente diferente al de Santa María la Real de Nieva.

¿Cuál es el cambio que más le ha costado asimilar?

Acostumbrarme al hecho de que ya no formo parte de un Juzgado Decano es algo que no entra en mi tierno cerebro por mucho tiempo que pase.

Un pecado imperdonable para un funcionario de Justicia sería…

Pecados se me ocurren muchos así de primeras, pero decirle al Secretario Judicial, que es quien dirige la Oficina Judicial, que es el secretario del juez sería meter la pata considerablemente.

De la Justicia se dice a todas horas que es lenta. ¿Comparte usted esa opinión?

Sé que sonará repetitivo, pero en el ámbito de la Justicia hace falta contar con más medios materiales y humanos para agilizarla. Resulta muy complejo con los recursos destinados actualmente asumir el trabajo en ciertos órganos judiciales porque están colapsados. La lentitud constituye, sin dudarlo, un problema y un hecho irrefutable.

¿Me puede confesar alguna curiosidad del mundo jurídico?

En una oficina judicial, además del Juez, el Secretario Judicial también ostenta la condición de Señoría. Señoría es una palabra que normalmente se asocia con el Juez, pero no siempre es coincidente con su persona.

Si logra promocionar en el futuro al trabajo que tanto anhela, ¿piensa seguir preparando más oposiciones?

No. Pese a que los libros me lo han dado todo, la vida se compone de diversas etapas diferentes y hay que saber percatarse de cuando una de ellas llega a su fin.

Me encanta preparar oposiciones, pero se trata de un proceso que consume gran cantidad de energía, tiempo y dinero.

¿Qué es la primera cosa que piensa hacer una vez deje de estudiar?

Amontonar los apuntes y quemarlos. Sé que es un clásico de toda la vida, pero llegado el momento no creo que pueda resistirme a algo tan placentero.

¿Alcanzar la felicidad es su gran meta?

Desde luego. Todo el mundo desea ser feliz pero muy poca gente lo consigue. Es un camino largo y complejo, aunque merece la pena recorrerlo.

¿Usted es feliz?

Me falta todavía mucho para poder afirmar eso. No obstante, sé que estoy yendo en la dirección correcta porque he obtenido la estabilidad que necesito para darle el sentido adecuado a mi recorrido académico, profesional y personal.

¿Cuáles son los ingredientes básicos que debe reunir una persona para ser feliz, según usted?

Tener buena salud y paz interior. Carecer de esto hace que tu vida diaria se convierta en una experiencia dura y difícil.

Por lo que expresa da la impresión de que no cuenta con esos elementos que acaba de mencionar...

Con ninguno de ellos y le confieso que los añoro de verdad. Haría lo que fuera por recuperarlos al igual que cualquier otro ser humano.

¿Qué es lo más desagradable que ha aprendido en su vida?

Interiorizar que existen cosas que no se pueden arreglar dialogando de una forma civilizada y a las que ni siquiera con dinero se puede llegar.

Si le pido que me describa su trayectoria académico-laboral con una palabra, ¿cuál utilizaría?

Amorfa.

¿Por qué la califica así?

Se lo explicaré a través de una anécdota que me impactó enormemente. Estábamos en el instituto en una clase de gallego y el profesor nos hizo una pregunta sobre un tema de cultura general y nadie le contestó. Él se quedó muy sorprendido y se molestó. Jamás olvidaré las palabras que nos dijo: «Es increíble que no sepáis contestarme a esto. Sois unos amorfos. No tenéis forma». Lo normal cuando alguien se mosquea en estas situaciones es que reaccione insultándote de un modo más estandarizado y no de un modo tan elaborado, pero la denominación que empleó para referirse a nosotros fue elegante e inesperada. No me interprete mal. El profesor era muy culto y una persona muy justa con sus alumnos, sin embargo, me dejó estupefacto en aquel momento.

Lo que pretendo decirle con lo anterior es que a los dieciocho años no tenía ni idea de qué estudiar y nunca sentí una vocación especial hacia ningún tipo de profesión. Me hizo una gran ilusión estudiar en la universidad porque era el único de mi familia cercana que tuvo la oportunidad de acceder. Quería construir algo, aunque no tenía idea de qué. Posteriormente a finalizar la primera carrera quería seguir estudiando, pero tampoco sabía por dónde tirar dado que ese año lo pasé medio sabático. Daba tumbos, pero sin un rumbo determinado y planeado de antemano. Era como iniciar el montaje de una estructura con piezas de lego sin saber qué deseabas crear. Hoy en día ves el puzle que has hecho y te parece todo muy sencillo de analizar: dos carreras compatibles obtenidas y un empleo muy ligado a lo que has estudiado, pero echo la vista atrás y me percato de que esas piezas se unieron de pura casualidad.

Me ha impactado enormemente lo que acaba de expresarme ahora mismo. No sé qué decirle...

Elaborar un camino no es suficiente si no sabes luego a donde quieres dirigirte. Debes tener siempre un propósito, un objetivo que guíe tus pasos.

¿En que ha fallado usted en su rumbo?

Pues en muchas cosas, pero principalmente en que nunca he organizado mi vida debidamente, lo que ha ocasionado que pierda infinidad de trenes. Jamás tuve en mente anticiparme a los acontecimientos que sucedían a mi alrededor y, lógicamente, te coje el toro.

¿Qué es lo más duro con lo que ha tenido que lidiar?

Con la soledad. Pese a estar físicamente rodeado de gente la gran mayoría de los momentos cruciales de tu vida los afrontas completamente solo.

Le comprendo muy bien ¿Qué piensa hacer al respecto?

Verá, lo que uno estudia o en lo que se gana la vida, obviamente, es significativo, pero sin duda lo es más erigir un proyecto vital atractivo empleando como base la formación adquirida y las actividades que adoras llevar a cabo en tu día a día, para así orientarte hacia aquello que te apasiona.

¿En qué le gusta entretenerse?

Lo que más me atrae es la jardinería, cantar en el coro, la lectura, salir a caminar, la escritura, el voluntariado, la playa y ver alguna peli en el cine de cuando en cuando. Me considero una persona de hábitos y gustos sencillos.

¿Por qué hace voluntariado?

Es un proyecto personal que tenía en mente llevar a la práctica desde hacía tiempo. Comencé a hacer acompañamiento telefónico a personas mayores en Cruz Roja Española porque lo que he estudiado en el pasado quiero emplearlo para ayudar a personas necesitadas. Relaciones Laborales y Derecho no son titulaciones exclusivamente jurídicas, sino también sociales y, por ello, es mi obligación buscarles un significado a través de mecanismos de aportación a la comunidad. Explorar el componente social de dichos estudios me parece indispensable.

Sabe bien que en las organizaciones no gubernamentales existen personas que se apropian de los recursos destinados a colectivos especialmente vulnerables ¿Qué opina sobre esto?

Cada persona es responsable de sus actos y sabrá las consecuencias que conlleva obrar bien o mal. Sé que lo que yo llevo a cabo es honesto y eso para mí es suficiente.

¿Cree que le compensa escribir libros?

Económicamente desde luego que no, pero eso no es lo importante. Escribir me aporta bienestar interior y además con esta actividad consigo otorgar mi granito de arena a la sociedad de la misma manera que sucede con el voluntariado.

¿Piensa seguir escribiendo?

Lo haré encantado de la vida. Reconozco que me ha picado el gusanillo de la escritura. Escribir libros es un hermoso proceso lleno de nuevos aprendizajes y descubrimientos a cada instante.

¿Tiene algo que decirles a sus lectores?

Ya que me lo pregunta, pues sí. En una ocasión me contó un familiar cercano que algunos lectores, tras haber leído mi primer libro, le habían comentado que me resultaba atractiva la política, y que dicha circunstancia les causó impresión. Aclaro aquí el hecho de que *Briznas constitucionales* es una obra jurídica y no de carácter político.

¿Qué beneficios obtiene con la práctica de la jardinería?

Es una afición que me permite entrar en contacto con un entorno natural y, por encima de todo, contemplar cómo se desarrollan las plantas y los árboles. Por si lo anterior fuese poco me ayuda a recargar las pilas y me genera una sensación intensa de confortabilidad.

¿Ha hecho actividades durante un tiempo que luego no ha retomado?

Así es, y he de decirle que se me nota mucho cuando algo no me gusta especialmente. Ejemplos en mi vida he tenido alguno: ir al gimnasio o asistir a cursos de natación o de yoga.

Son todos deportes...

Nunca me ha atraído practicar deporte. Que la primera materia que catease fuese la gimnasia no es casualidad. Es una asignatura pendiente en la que tengo que trabajar notablemente.

¿No le cierra la puerta al hecho de aprender alguna disciplina deportiva en el futuro?

No lo descarto. Pese a que practicar deporte no me entusiasma valoro los beneficios que aporta para la salud física y mental. Constituyen unos pros muy a tener en cuenta.

¿Si le pido que se decante por una disciplina deportiva en la que iniciarse cuál escogería?

El tenis. Está demostrado científicamente que es el deporte que más años puede alargar la vida de las personas. Es un motivo aceptable para comenzar a practicarlo, ¿no cree?

Si le pido que se moje en algunas cuestiones que le voy a preguntar, ¿lo haría?

A ver con qué me sorprende ahora usted. Miedo me da.

¿De qué equipo de fútbol es?

Uf, qué alivio, esta es muy fácil. Del Fútbol Club Barcelona y del Real Betis Balompié por igual.

¿Se considera futbolero?

Para nada. Me gusta ver algún partido de liga o de la selección española de vez en cuando, pero no soy un fan extraordinario del fútbol.

¿Es creyente?

Sí. Creo que existe algo más que la realidad física tal como la observamos y entendemos. No obstante, esto que quede bien claro: una cosa es que tenga fe en algún tipo de ser o mundo superior, y otra muy distinta es que comparta todos los dogmas de la Iglesia Católica. Recibí catequesis varios años y he de decir que los sacerdotes y predicadores que me inculcaron formación cristiana, no fueron, son, ni serán un ejemplo de moral ni de ética para mí.

¿Monárquico o republicano?

Siempre he defendido y defenderé los métodos democráticos. Que el pueblo elija en todo momento a sus representantes políticos en elecciones libres y periódicas, así como el modelo de estado que desee. Por consiguiente, me decanto por la república.

¿Siempre ha votado al mismo partido político?

He optado por alguno de los dos grandes partidos de nuestro país en casi todas las ocasiones en las que ejercí mi derecho al voto, aunque no siempre. Lo que sí le confieso es que nunca he votado a una formación extremista ni antisistema.

¿Le atrae la política?

Durante muchos años creí que así era debido a que la idea de pasar las jornadas electorales en el colegio electoral al pie del cañón actuando como apoderado o interventor de un partido político me interesaba. Sin embargo, el paso del tiempo ha hecho que me centre en otros ámbitos.

Su viaje soñado ¿a dónde sería?

Me encantaría visitar todo el universo. Cada estrella, cada planeta, cada satélite, cada cometa, etc. Es irrealizable, pero soñar es gratis.

¿Tiene algún referente a seguir?

Ninguno. Quiero seguir mi propio camino.

¿Más de la Esteban o de la Campa?

A la princesa del pueblo es difícil resistirse.

¿Es respetuoso con el medio ambiente?

Bastante. Un planeta que permite el desarrollo de la vida debe protegerse y preservarse.

¿Cree en la existencia de vida en otros planetas?

No la he visto hasta ahora, pero el espacio es un lugar muy amplio y sorprendente. Siempre me haré interiormente esta pregunta: ¿por qué no?

Si hallase a un ser extraterrestre, ¿qué sería lo primero que haría?

Poner pies en polvorosa y rezar para que no me friese el trasero con sus rayos láser.

¿Qué conclusión extrae de la actual era tecnológica?

Que por mucho que evolucionemos y mejoremos, el ser humano ha sido, es y será siempre el de siempre.

¿Un acto que haya hecho con cariño especial?

Afiliarme a un sindicato para ayudar a una de mis mejores amigas.

¿Cómo calificaría esta entrevista?

Al igual que sucede con mi trayectoria académico-laboral merece el calificativo de amorfa por encima de cualquier otro. ¿Ha observado usted a lo largo de esta entrevista algún tipo de forma u estructura, aunque fuese mínima? No me sorprende que el resultado haya sido este, ya que, después de todo ¿qué puede esperarse de un amorfo como yo?

¿De qué forma se definiría a sí mismo en una frase?

Como un millennial hippy con *smartphone*, pero sin porrito.